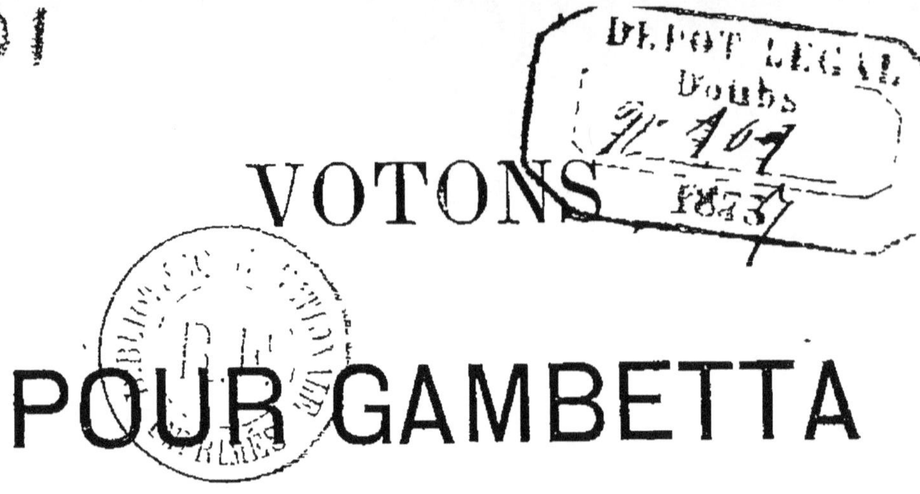

VOTONS POUR GAMBETTA

PAR

ÉLEUTHÈRE RUSTICUS.

BESANÇON,

IMPRIMERIE ET LITHOGRAPHIE DE J. JACQUIN,

Grande-Rue, 14, à la Vieille-Intendance.

1877.

VOTONS POUR GAMBETTA.

I.

M. GAMBETTA POLITIQUE.

Il n'est bruit depuis quelque temps en France que de M. Gambetta. Les journaux de toute nuance s'accordent à le regarder comme le chef incontesté de la république, l'homme de l'avenir. Toutes les autres étoiles du firmament radical ont pâli devant cet astre de première grandeur, et l'avocat génois tient de nouveau les destinées de la patrie dans ses mains.

— Quel orateur ! dit Barbaraux, il a parlé pendant trois heures à la Chambre.

— Quel homme puissant ! remarque Chopinard, il a bu huit verres de café en faisant son discours !

— Quel patriote ! soupire le docteur Guerritout, il éprouve des crises nerveuses pour le salut de la patrie, et son évanouissement n'a pas duré moins d'une heure.

Sans être de l'opinion des journaux démocrati-
ques, qui affectent d'appeler M. Gambetta « le grand
député de la Seine, le grand orateur, » on ne peut
nier que le rival de Mac-Mahon soit une person-
nalité remarquable, et alors même qu'on trouverait
bien en France cent cinquante avocats plus habiles
que lui, on doit reconnaître qu'il est peu de mou-
lins à paroles en état de lui être comparés. De nos
jours, il est le Niagara de l'éloquence parlementaire, il verse des torrents de paroles dont la so-
norité et le ronflement effraient le lecteur le plus
intrépide, et il n'ouvre guère la bouche sans expec-
torer dix, douze, et même quatorze colonnes de
journal grand format. Les Français, qui ont toujours eu un faible pour les grands discoureurs, lui
doivent évidemment la préférence.

Il ne faut pas être bien fort en littérature pour
s'apercevoir que ses discours se ressemblent tous
et n'expriment ni pensée originale ni idée bien
neuve, en dehors du programme mille fois prôné
et rebattu de la république nécessaire, primordiale,
indiscutable et éternelle.

Les anciens rhéteurs donnaient une grande importance à ce qu'ils appelaient les lieux communs
oratoires, espèce de passe-partout s'adaptant à toutes les serrures, de légume se mettant à toutes les
sauces. M. Gambetta, tout en se disant très mo-
derne, est l'élève le plus fidèle et le plus parfait
de ces vieux maîtres, et on ne peut s'empêcher
de plaindre notre époque s'il faut admettre, avec
les feuilles rouges, qu'il est le plus grand orateur
de notre temps.

Il y a dix ans, le nom du jeune avocat n'était

guère connu que dans les brasseries parisiennes, où il payait régulièrement ses bocks, et dans le café de Madrid, où il n'était pas toujours en mesure de les payer. Aujourd'hui, et sans avoir plaidé de procès, il a magnifique appartement, valet de chambre, équipage, cocher, maison de campagne, quartiers de rentes, villa près de Nice, etc.; il a des admirateurs fanatiques et des sujets dévoués, il tient tête au maréchal de Mac-Mahon et marche à l'assaut du pouvoir suprême.

C'est la politique qui a fait ces prodiges, et on peut croire, sans jugements téméraires, que les contribuables ont bien été pour quelque chose dans les frais.

Tout en félicitant M. Gambetta de ses étonnants succès, il est permis de se demander si la fortune du pays est attachée fatalement à la sienne, et si l'engouement dont ce gros homme est l'objet se justifie au point de vue de l'honneur national, du bon sens et de l'histoire.

C'est ce que se demandent avec tristesse les esprits que n'a point encore fascinés le mensonge révolutionnaire, et qui ne se laissent pas emporter par les enthousiasmes irréfléchis des multitudes. Pour bien juger la situation, il suffirait de se souvenir, et c'est seulement sur les actes que l'on devrait apprécier cet homme destiné, ce semble, à être le mauvais génie de notre pays. J'essaierai de faire ce petit travail à l'usage de mes lecteurs, et je n'aurai que l'embarras du choix parmi les matériaux officiels que chacun n'a pas le temps de lire, mais que peut contrôler tout homme désireux

de connaître la vérité sur le savoir-faire du discou-
reur cataracte.

Quand M. Gambetta se pose en apôtre de tous
les progrès, de toutes les libertés et de toutes les
gloires de la France et de l'Europe, dont il se dit
modestement l'organe, il faut qu'il ait une confiance inébranlable dans la naïveté sans pareille
des électeurs, ou dans la maxime de Danton pré-
tendant qu'avec de l'audace et encore de l'audace
on est toujours sûr de l'emporter.

Devenu grand homme par le choix des électeurs
parisiens, qui l'ont nommé député comme ils ont
nommé MM. Barodet et Germain Casse, comme ils
nommeront à perpétuité les Clémenceau et les Bon-
net-Duverdier, M. Gambetta s'est trouvé dans des
circonstances qui ont singulièrement développé ses
appétits républicains ; l'odeur du pouvoir lui porte
à la tête, il fera des efforts désespérés pour le res-
saisir.

Pendant près de cinq mois, simple avocat de
trente-deux ans, il a été dictateur et a commandé
sans contrôle en France. Si nous étions sages,
l'essai serait plus que suffisant pour dégoûter de
reprendre un pareil maître. Il suffit de comparer
les faits et gestes de l'intarissable balconnier avec
ses pompeuses revendications d'aujourd'hui, pour
juger que si le peuple s'y laisse prendre cette fois,
on pourra dire que le territoire tout entier est devenu une succursale de Charenton.

Comme Minerve sortit tout armée du cerveau de
Jupiter, ainsi M. Gambetta sortit ministre de la
débâcle du 4 septembre, où les députés de Paris
s'étaient montrés plus pressés de prendre leur part

du gâteau que de faire face à l'ennemi commun. Il se plaint du peu de liberté qu'on laisse à ses réunions, et, après avoir renvoyé prestement le Corps législatif et le Sénat, son premier soin était d'empêcher aux membres de ces grands corps de se réunir sous quelque prétexte que ce fût. Voilà la première preuve du respect pour les élus du suffrage universel.

La défense nationale essaie de s'organiser et annonce de nouvelles élections. Ce n'était pas l'affaire de M. Gambetta, qui arrivait en ballon pour *diriger* la province. Il renvoie les élections aux calendes grecques et s'en vient trôner à Tours, auprès des trois vieux délégués Crémieux, Glais-Bizoin et Fourichon, que dans son langage imagé il appelle les « trois Parques. »

C'est en compagnie de ce trio respectable qu'il va filer le vilain coton de la défense nationale. Il se fait tout d'abord la part du lion et prend le ministère de la guerre avec celui de l'intérieur. M. Thiers a trouvé jadis qu'il avait *trop* d'un ministère ; mais qu'est-ce que cette vétille d'un seul ministère pour un homme comme Gambetta ?

Un général, M. Lefort, dirigeait à Tours les affaires de la guerre ; c'était trop naturel pour durer longtemps. Gambetta le congédie et se fait général en chef des armées françaises ; il supprime les lois d'avancement, distribue du galon et des panaches à tous ceux qui en veulent ; un sergent de pompiers peut devenir colonel ; un journaliste passe d'emblée général de division ; les officiers de santé sont préfets, les avocats inspecteurs généraux de l'armée, et il trouve bientôt que, « malgré ces mesures radicales, il n'a encore pu trouver *personne* à la hauteur des événements. » Si la province le flatte, ce n'est pas faute d'avoir été maltraitée par lui : le 14 octobre 1870, il en fait un tableau qui commence par ces mots : Les campagnes sont inertes, la bourgeoisie des petites villes *lâche*, l'administration *perfide*. Nous *faisons* des cadres et nous *rajeunissons* l'armée.

Pour justifier le retard des élections et prolonger un gouvernement qui n'avait d'autre raison d'être que celle de soutenir la guerre nationale, M. Gambetta inaugure ce système fameux de supercherie politique, consistant à entretenir la confiance des Parisiens par l'espoir de l'approche des secours, et la confiance des provinciaux par le récit des grandes victoires parisiennes.

La première dépêche contre-signée par lui est du 6 octobre 1870 ; la voici : « Les départements s'organisent. Tous les hommes valides accourent au cri : Ni un pouce de terrain ni une pierre de nos forteresses (pendez-vous, Monsieur Jules Favre, vous êtes devancé). Sus à l'ennemi ! guerre à outrance ! — Signé Glais-Bizoin. — P. copie, Gambetta, ministre de la guerre. »

La dépêche annonçait ensuite que deux armées, composées chacune de 80,000 hommes, étaient déjà organisées : l'une, sur la Loire, *va s'avancer sur Paris*. On ne disait pas où était la seconde. « L'attaché militaire qui vient de parcourir le Centre et le Midi a été surpris de voir le nombre considérable d'hommes bien armés et bien équipés, et surtout de l'artillerie, qu'on supposait ne pas exister. »

Voilà pour les Parisiens, voici pour les provinciaux :

« 14 octobre 1870. — C'est avec une indicible expression de joie que je me hâte de vous faire connaître les fortifiantes nouvelles de Paris. Le peuple, de jour en jour plus héroïque, prépare le salut de la France par l'*ordre admirable* qu'il maintient dans la cité. Impatiente derrière ses remparts, la garde nationale a voulu marcher à l'ennemi. — Suit le détail de cette grande victoire. — Paris est inexpugnable, *le voilà devenu assaillant*. Redoublons d'énergie. *Vive Paris ! vive la république !* » Nous avons tous avalé cette boulette, prélude de tant d'autres qui furent encore plus difficiles à digérer.

M. Thiers, qui voyait alors mieux les choses et s'était bien aperçu, dans son voyage à travers l'Europe, que la république inspirait de médiocres sympathies, vint alors à Tours et soutint qu'il fallait faire la paix. M. Gambetta répondit qu'on pouvait encore se défendre, gagner du temps, attendre quelque heureux hasard ou quelque bel élan républicain. M. Thiers sourit d'un air incrédule. Gambetta, piqué, lui reprocha de vouloir la fin de la guerre pour arriver plus vite au pouvoir ; sur quoi M. Thiers riposta que le dictateur voulait prolonger la résistance afin de dominer plus longtemps. Comme ils s'étaient bien devinés tous les deux !

Metz venait de capituler, malgré les « nouvelles fortifiantes » qu'on nous donnait à son sujet ; mais, en revanche, Garibaldi remportait des victoires par la seule vertu de son nom. Cambriels, s'étant permis de trouver que les procédés du héros des deux mondes n'étaient pas fort corrects, reçut cette dépêche quelque peu verte : « Je ne puis accueillir qu'avec une extrême réserve les appréciations qui se sont produites sur le général Garibaldi et les faits et gestes de son corps d'armée. J'ai donné au général Garibaldi un droit de réquisition personnel... » (21 octobre 1870.)

Comme il n'y a point de salut hors Garibaldi, Cambriels fut sacrifié, et bien d'autres le seront après lui.

L'idée fixe du dictateur n'est pas de sauver la France, c'est d'implanter solidement la république et de faire triompher la démagogie. Quand il apprend les mouvements de Paris, il blâme ses collègues d'avoir consulté le peuple au 31 octobre : « Vous ôtez à la révolution du 4 septembre sa force et sa valeur. Je ne puis m'associer à une conduite politique qui livre *notre œuvre* du 4 septembre aux mains de nos plus cruels ennemis. Vous vous laissez entraîner par des conseillers moins désintéressés que moi. » Ces conseillers, c'était M. Thiers, qui depuis ôte si bien sa calotte quand M. Gambetta l'encense. La dépêche suivante ne permet pas d'en douter : « Seules les coteries légitimiste et orléaniste se réjouissent du voyage de M. Thiers, qui doit amener l'armistice et des élections. »

M. Gambetta tremble de voir le petit bourgeois réussir ; bientôt il apprend que l'armistice est rejeté. Dans l'excès de sa joie, il rêve un plébiscite pour faire légitimer le quatre septembre. « Approuvez-vous, dit-il aux collègues de Paris, que nous posions à la France entière, dans les quarante-huit heures, la question que vous avez posée à Paris ? » L'idée n'était pas sans danger, il y renonça, et, sûr désormais de n'avoir à redouter ni Assemblée nationale ni contrôle, il ne songea qu'à paralyser les efforts des honnêtes gens, qui, M. Thiers en tête, continuaient à réclamer des élections pour arriver à l'armistice. Les dépêches suivantes du 13 novembre 1870 indiquaient toute sa pensée :

« Les coteries légitimiste et orléaniste persistent à demander les élections pour armistice. M. Thiers est à la tête de ce mouvement... Son double échec à Saint-Pétersbourg et à Versailles éclate à tous les yeux, il en a lui-même conscience, et c'est ainsi que je m'explique l'animation qu'il met à vouloir faire renaître des questions intérieures.

» Les élections ne pourraient créer une force véritable *qu'à la condition d'être vraiment et solidement républicaines* Les conditions nécessaires sont l'inéligibilité de *certaines catégories* de personnes. C'est une question de *salut* ou de *ruine* pour nos chères idées. Ce ne sont point des sentiments de vengeance qui ont dicté ces propositions, c'est l'intelligence claire et précise des nécessités de la politique *autant que des intérêts du parti* auquel j'ai l'honneur d'appartenir, et à qui je dois *de faire faire un pas sérieux en avant.* »

Ce pas sérieux consistait donc à mutiler le suffrage universel, base sacrée de toute république, ou à l'empêcher de se prononcer, en supprimant les élections. Croit-on qu'en appliquant ces beaux principes pour son élévation propre et celle de son parti, dans un moment où la France criait miséricorde, M. Gambetta n'ait déjà pas mérité le nom de fou furieux que M. Thiers lui donnait ?

Et dire qu'aujourd'hui M. Thiers et M. Gambetta sont dans les bras l'un de l'autre, et se jurent fidélité afin de renverser le maréchal et de recommencer, au profit du même parti, de nouveaux exploits !

II.

M. GAMBETTA MILITAIRE.

Débarrassé de la crainte des élections et sûr de commander jusqu'au jour où les Parisiens n'auront plus rien à se mettre sous la dent, M. Gambetta peut tourner toute son activité sur les départements de la guerre et de l'intérieur, qu'il s'est attribués.

Commençons par la guerre. M. Gambetta pose en principe qu'en général les soldats n'entendent rien à leur métier, qu'il faut remplacer les officiers supérieurs de notre ancienne armée par des gens à qui l'amour de la république aura donné la science infuse. Dès le 26 novembre 1870 il écrit : « J'ai *transformé* complétement le ministère de la guerre. Les ingénieurs et les savants dominent un peu partout. » En effet, les bureaux des ministères sont remplis de jeunes gens qui trouvent un moyen facile de mettre leur précieuse vie à l'abri du canon prussien, comme nos jeunes rouges de village savaient s'abriter derrière une écharpe de maire ou d'adjoint pour échapper à la mobilisation.

Voilà qui est très drôle, direz-vous, de remplacer un général par un pharmacien et de soumettre un colonel à un vétérinaire ; très drôle si vous voulez, mais c'est révolutionnaire au premier chef ; si la France a succombé, c'est qu'elle n'a pas assez largement usé du procédé ; c'est M. Gambetta qui le reproche à ses collègues de Paris au jour de la capitulation : « Vous avez méconnu la *première règle de la tradition révolutionnaire*, qui est de subordonner les chefs militaires, *quels qu'ils soient*, à la magistrature politique et civile. » (Dépêche du 27 janvier 1871.)

Lui ne l'avait point oubliée, cette tradition. Il télégraphie au médecin Testelin, son commissaire à Lille : « Faites surveiller de près Bourbaki. » (8 novembre 1870.) Une dépêche signale ce général comme « ayant un cuisinier de nationalité douteuse. » Tandis que «ces traîneurs de sabre» sont insultés à Lyon, à Grenoble, à Marseille, jetés en prison, changés comme les jetons d'un jeu d'oie, on voit arriver le général Estancelin, le général Périn, le général Lissagaray, qui réclament les honneurs militaires avec une férocité inouïe dans les annales de l'armée. Ce sont ces foudres de guerre... civils qui doivent sauver la France. Les préfets reçoivent l'ordre de réunir « des hommes énergiques, capables de faire pénétrer l'esprit civil ou civique dans les affaires militaires. » C'est alors que nous recevons ces fameuses affiches qui nous ordonnent de faire le vide devant l'ennemi, de nous retirer avec notre bétail et nos grains dans les places de guerre. Quelques naïfs prennent ces folies à la lettre, le grand nombre hausse les épaules, en demandant si les *gouverneurs* ont perdu la tête de prescrire des mesures applicables seulement dans les environs déserts de Mexico ou de Moscou. Tous ces stratégistes civils ont la confiance la plus parfaite en eux-mêmes et imaginent des plans dont la réussite est infaillible... si les militaires veulent bien les exécuter.

Les militaires regimbent, comme de juste, on les en fera repentir, et M. Favier, relieur fameux, écrit de sa main au nom du comité d'armement de Lyon, dont il est président : « Les officiers de mobiles ne veulent pas reconnaître la république. Le *commité* de la guerre vous prie de *donné* des ordres le plus promptement possible. » Ce qu'il faut, ajoute M. Challemel-Lacour, c'est la subordination de l'élément militaire.

Ce pauvre élément militaire n'était en vérité pas mal subordonné. M. Gambetta, en renvoyant le général Lefort, avait décrété la victoire ; le général de la Motte-Rouge eut le tort de ne pas exécuter le décret, il fut révoqué *pour n'avoir pas vaincu ;* d'Aurelles de Paladines eut le même sort. C'était toujours la tradition révolutionnaire.

Contrairement à l'avis des généraux, il fait marcher les troupes de la Loire, les compromet par de fausses manœuvres, et quand il apprend que nos troupes sont coupées, il envoie dans toute la France cette dépêche digne d'Annibal et de César: « Vive la république ! Au lieu d'une armée nous en aurons deux. » Cette fois du moins la double armée de la Loire qui devait délivrer Paris n'était plus un mythe.

Sur ces entrefaites arrive un ballon nommé le Jules Favre (nom de bon augure et cher à la France, dit M. Gambetta). Ce ballon annonce la première sortie des Parisiens, indiquant simplement que les assiégés combattent depuis deux jours et se maintiennent dans leurs positions. Le directeur de nos armées monte à son balcon de pierre, — un beau balcon, ma foi, — et fait un discours mirobolant pour célébrer la grande victoire qui doit donner du cœur aux provinciaux. Les Parisiens ont fait leur sortie torrentielle, ils sont venus jusqu'à Lonjumeau, les soldats de la Loire vont leur donner la main, on voit déjà les Prussiens chassés à coups de crosse de toutes les contrées envahies. Les Tourangeaux sont en délire, le télégraphe annonce ces « fortifiantes nouvelles » à toute la France, qui y croit pendant vingt-quatre heures.

Savez-vous quelle puissance a opéré ces merveilles ? C'est la république, parbleu ! Ecoutez plutôt la fin du discours : « Ce sera l'éternel honneur de la république d'avoir rendu à la France le sentiment d'elle-même, et, l'ayant trouvée abaissée, désarmée, trahie, occupée par l'étranger, de lui avoir ramené l'honneur, la discipline, les armes, la victoire. Voilà, citoyens, ce que peut une grande nation ! » etc., etc.

Quand un marchand d'orviétan termine la pompeuse énumération des qualités de son baume par la phrase sacramentelle : Prenez mon baume ! ça ne coûte que dix centimes, il se trouve toujours quelque imbécile pour acheter un ou deux flacons ; comment, après un boniment aussi victorieux, ne pas crier : *Vive la république!* Les Tourangeaux eurent cependant le bon esprit de ne pas illuminer. C'était prudent, car au moment même où la nouvelle du triomphe arrivait dans nos villages, les Prussiens reprenaient Orléans et les Parisiens n'avaient plus d'autre ressource que de dire : Tant que nous aurons du rat à manger, nos portes ne s'ouvriront pas.

C'était bien de parti pris que M. Gambetta falsifiait les dépêches et nous berçait de succès imaginaires. Il avait juré de vaincre et de fonder la république par la victoire, il fallait bien commencer par dissimuler la défaite.

Le surlendemain 3 décembre, la scène change. On est forcé d'évacuer Orléans, et M. Gambetta ne l'entend point ainsi ; il y court, arrive à quatre ou cinq kilomètres de la ville, *croit* entendre une fusillade, *croit* voir des madriers et des pièces de bois sur la voie, ordonne de reculer, revient à Blois, puis à Tours, où l'on tremblait pour sa vie, tandis qu'à Orléans on s'étonnait de ne pas le voir arriver. Ce jour-là les zouaves pontificaux et les mobiles de Blois se battaient à Patay ; M. Gambetta, conservant sa vie si précieuse à la France, se sauvait à Tours, en jurant que d'Aurelles de Paladines passerait en cour martiale pour avoir laissé les Prussiens s'approcher si près de lui ; au lieu d'avouer la défaite, on la mit sur le compte des généraux incapables, des espions et des traîtres. Quiconque ne crut pas sur parole aux victoires annoncées fut un mauvais citoyen qui, dans un intérêt de parti, souhaitait la défaite des armées. Le dictateur, heureusement échappé aux balles qui sifflaient à douze ou quinze kilomètres de son train spécial, lançait, le 8 décembre, ce canard de venue gouvernementale : « Les bruits les plus alarmants sont répandus sur la situation de l'armée de la Loire ; démentez hardiment toutes ces mauvaises nouvelles colportées par la malveillance. Vous serez dans le vrai en affirmant que notre armée est en ce moment dans d'excellentes positions, que son matériel est intact ou renforcé. » En preuve de vérité, la délégation se sent tellement sûre à Tours, qu'elle croit déjà voir arriver les uhlans et part le lendemain pour Bordeaux (9 décembre 1870).

Pendant que les trois Parques filent à grande vitesse, M. Gambetta, qui sait toujours tenir les ennemis à distance, court à Bourges et ordonne la diversion dans l'Est, qui met le comble à nos infortunes. Dans l'espace de deux mois, on le voit à Besançon, à Lyon, à Lille, à Boulogne, toujours à une distance considérable de l'ennemi, toujours en wagon-salon, enveloppé de sa superbe redingote fourrée, qu'il prend volontiers pour la redingote grise du petit caporal. Le journalisme d'alors nous conserve les mots d'encouragement qu'il daigne adresser aux autorités qui se présentent à la portière de son wagon dans les grandes gares du nord de la France. A Lille, il dit : « La république a accepté une complète solidarité avec la cause de la patrie. Si elle succombait à la tâche, il ne manquerait pas de réactionnaires pour la blâmer de la responsabilité qu'elle a prise. *Il faut donc qu'elle sauve le pays.* » En passant à Rennes, il jette ces mots aux badauds du quai : « Ni un échec ni un revers ne peuvent nous abattre ; ils doivent plutôt enflammer notre courage. Il faut résister à outrance. Laissons passer l'hiver et nous vaincrons ! » Il rentre sa tête dans ses fourrures et file sur Bordeaux. Le jour où il était encore si crâne, on n'osait plus demander de nouvelles de Chanzy, Faidherbe battait en retraite, Bourbaki gagnait la frontière, et Paris avait encore pour un jour de pain ! Quelques commis voyageurs de la démocratie n'avaient plus que la ressource de dire comme les gens de la Cannebière : Si le Midi se lève, les Prussiens ils sont fichus.

— Et il va se lever ?

— Je le crois pas.

Tout était bien fini en effet ; Paris subissait le sort de Metz, toutes nos armées étaient en déroute, et la république risquait de laisser sa peau dans la continuation des aventures. Croirait-on que l'intrépide ministre de la guerre prétend ne pas reconnaître la capitulation de Paris et résister jusqu'à *épuisement ?* Il joue l'indignation contre la lâcheté de ses collègues, et flétrit par avance l'Assemblée qui sera nommée pour traiter de la paix. Il lance une proclamation ronflante pour dire: Nous ne signerons pas. Elle se termine par ces mots: « Jurons de défendre envers et contre tous la France et la république. Aux armes ! Aux armes ! Vive la France ! Vive la république une et indivisible ! »

Cette proclamation partait de Bordeaux le jour où nos pauvres soldats tiraient leurs derniers coups de fusil dans le défilé de Saint-Pierre-la-Cluse ; elle devait faire sur les Franc-Comtois témoins de la démoralisation et des souffrances de notre armée l'effet d'un baril de vinaigre versé sur une plaie vive. Et des millions de Français semblent avoir oublié tout cela ; ils veulent voir un sauveur et une tête rare dans ce robin frénétique qui présidait les conseils de guerre et devant lequel nos généraux s'humiliaient par pur amour pour la patrie et le bien public, tandis qu'au fond ils avaient le dédain le plus parfait pour ses conceptions et ses talents militaires.

Parlerons-nous après cela de ce célèbre camp de Conlie, où 40,000 hommes pataugeaient dans la boue jusqu'à mi-jambe, demandant inutilement des armes et recevant quelques fusils « pires que nuls, » selon le témoignage du général de Marivault, tandis que le commandant en chef, M. de Kératry — un pur du 4 septembre — se plaint qu'on donne des armes *perfectionnées* à tous les aventuriers qui venaient crier sous le balcon de Tours : Vive la république !

Citerons-nous ces faméliques de toute catégorie qui se faisaient fournisseurs des armées sans avoir un sou dans la poche, et recevaient des mandats énormes pour monter leur commerce et fournir les capotes, les souliers, qui étaient loin d'être aussi indivisibles que la république une et immortelle ? Les uns, comme M. Ferrand, apurent leurs comptes dans une maison centrale, les autres pérorent à la Chambre comme M. Naquet; ou roulent carrosse dans les rues de Paris. Tous étaient des amis du dictateur. « C'est un gaspillage effréné, avait télégraphié M. Gambetta en voyant ce qui se passait à

Conlie... Mais surtout *qu'on se garde bien de le dire !* qu'on n'y envoie que des inspecteurs sûrs, et qu'on leur ordonne la discrétion la plus absolue ! »

A part Garibaldi, que M. le dictateur appelle « notre premier général, » aucun chef de corps n'est sûr de rester huit jours en place, et le général Cremer déclare au prévôt d'armes de la division Bressolles « qu'il n'y a plus ni chef ni hiérarchie. » C'était le résultat final du système subordonnant les épaulettes à l'écharpe civile, et quand l'ingénieur Freycinet télégraphiait au grand organisateur: « Tous les jours je déplace des généraux sans vous en référer, ayez donc confiance de loin,» il réalisait l'idéal de la tradition révolutionnaire et ne faisait qu'appliquer fidèlement la doctrine de son maître, dont l'impéritie désastreuse accumula sur nous des maux auxquels nos gens de campagne ne peuvent plus songer sans épouvante.

Voilà une légère esquisse des talents militaires que déploya le champignon le plus fameux parmi ceux qui poussèrent le 4 septembre. Hâtons-nous de rappeler que ses talents civils s'élevèrent à la même hauteur et produisirent des résultats identiques.

III.

M. GAMBETTA CIVIL.

Gouverner la France sans son aveu, sans son concours, tel était le but de M. Gambetta et de ses amis. Ils n'osèrent pas le dire tout d'abord, mais quand ils virent que le pays se laissait faire, ils ne gardèrent plus de ménagements. C'était beau déjà d'avoir renversé tous les préfets, les procureurs, les sénateurs, les députés ; le vieux Crémieux se flattait d'avoir fauché six cents juges de paix ; M. Gambetta, qui lui était de beaucoup supérieur, ne pouvait rester en arrière ; il faucha d'un seul jour 2,941 conseillers généraux, la seule autorité élue qui restât encore debout. La précipitation était si grande que les conseillers d'arrondissement furent oubliés ; ils étaient si peu de chose dans la machine gouvernementale, que ce n'était vraiment pas la peine de s'en occuper. Pourquoi cette exécution ? Ah ! dame, les dépêches le disent nettement ; c'est qu'*ils* n'étaient pas assez républicains et avaient l'audace de réclamer et de déplorer l'emploi que l'on faisait des fonds départementaux. Il y eut de vives protestations. M. Cyprien Girerd, qui n'était pas encore illustre, crut devoir réclamer ; on lui répondit ironiquement : Le gouvernement *croit devoir* remplacer M. Cyprien

Girerd, préfet de la Nièvre, par M. Ducamp, sous-préfet d'Arles. Plusieurs préfets et commissaires généraux, y compris M. Testelin, donnèrent leur démission du coup ; cela n'empêche pas M. Laurier d'écrire à M. Gambetta : « A l'intérieur tout va bien, le décret de la dissolution des conseils généraux a été parfaitement accueilli par *tous* les préfets. »

On remplacera les conseillers généraux par une commission départementale que l'on prendra n'importe où, pourvu qu'elle soit républicaine. La recette est bien simple. M. Gambetta a dit à ses préfets : « Consultez plutôt les intérêts de la démocratie que vos convenances administratives. Il n'y a du reste aucune urgence. » Les préfets comprirent et devinrent seuls maîtres, malgré la « ritournelle électorale des réactionnaires, » comme dit agréablement le secrétaire général Laurier. Qui donc votera les fonds ? Qui fera les emprunts ? Comment les fera-t-on ? — Parbleu ! c'est simple, répond le dictateur : après l'emprunt Morgan, nous déposséderons la Banque de France ! Duportal et Cotte vont plus loin, ils lui disent : « Passez-vous de tout, affirmez fortement votre dictature, la France est affolée d'obéissance et d'asservissement. La France n'a *pas plus le droit de substituer la monarchie à la république* que de décréter l'esclavage ou l'assassinat des honnêtes gens. » M. Gambetta est fort de cet avis. La France n'a pas le droit ! voilà bien la politique des hommes qui nous parlent sans cesse de la souveraineté nationale ; voilà bien comme ils comprennent la république ; c'est la liberté... des républicains et l'aplatissement de tous les autres.

Quiconque lit les dépêches de ce maître qui crie sans cesse contre les tyrans, les coups d'Etat et les préfets à poigne, ne peut s'empêcher de dire : Ni Louis XIV ni Napoléon à l'apogée de leur gloire n'ont parlé d'aussi haut. Lui, le fougueux apôtre de la liberté de la presse, ordonne de supprimer l'*Union de l'Ouest* et d'incarcérer M. de Cumont, son rédacteur. Le préfet trouve la mesure bien vive, il hésite, et pourtant il s'appelle Engelhard. Gambetta lui jette ces mots taillés à la Robespierre : « Jamais je ne me serais attendu à la dépêche stupéfiante que je viens de lire sous votre signature. Ne reculez devant aucune mesure. Vous êtes autorisé à vous assurer immédiatement de la personne de tous ceux qui tenteraient de résister à l'arrêté. Les membres de l'ancien conseil font mine de se réunir, dispersez-les, etc. » Aux préfets et aux généraux qui lui déplaisent il télégraphie comme à Cambriels : « J'ai le regret de me priver momentanément de vos services. » A son lieutenant, général de Loverdo, qui se justifie d'avoir donné un ordre au bas duquel Gambetta a mis sa signature, il répond grossièrement : Loverdo en a menti, et le disgracie ni plus ni moins que le sultan ne renvoie son vizir et ses pachas.

Il se vante de « tancer d'importance » le gouvernement de Paris, dont il n'est que le délégué, et trouve sa conduite « bien misérable. » Le préfet de l'Isère demande ce qu'il faut faire si les électeurs s'obstinent à nommer ceux que M. Gambetta exclut. « Rien de plus simple, répond le maître, les bulletins seront annulés. » Pourquoi cette insipide question ?

Nul ne crie plus fort contre la police que l'ancien ministre ; il verse des larmes de crocodile chaque fois que les gendarmes vont cueillir quelqu'un de ses admirateurs ; il parle sans cesse de la légalité, du respect dû à la loi, et personne ne s'est servi avec moins de scrupule de la police et des gendarmes. Non-seulement sa voix comptait pour deux dans le conseil composé « des Parques » et de lui, non-seulement il menace Glais-Bizoin de le faire arrêter s'il sort de Tours pour aller voir l'armée, mais il rétablit une institution contre laquelle il déclamait sous l'empire, il donne la direction générale de la police à M. Ranc, tombé d'un ballon depuis peu.

Tandis que Gambetta faisait tête aux ennemis du dehors, son lieutenant Ranc surveillait les ennemis du dedans. De son bureau partaient à chaque instant des sentences républicaines et libérales ainsi conçues : Arrêtez M. Vandal... Arrêtez le maréchal Canrobert... Arrêtez M. Pinard... Arrêtez le duc d'Albuféra... Arrêtez le prince de Joinville... Importante capture. Le malheureux prince osait bien combattre dans l'armée française sous un faux nom!... M. Ranc, muni de pleins pouvoirs, poursuit ce grand coupable, on l'arrête avec son domestique, on l'expulse, la république est sauvée. On expulse le maréchal Vaillant, M. de Forcade, M. Hausmann ; on arrête des jésuites, des cochers de fiacre, des cousins, des neveux, soupçonnés d'impérialisme ; les limiers de Ranc sont partout, les généraux sont surveillés, et les ingénieurs qui les surveillent sont eux-mêmes *filés* par la police, « horrible vampire qui ronge toutes les institutions despotiques, » mais qui mord encore bien mieux sous le régime révolutionnaire.

Comme il n'y avait pas assez de préfectures pour satisfaire tous les appétits, on imagine les places nouvelles de *commissaires à la défense ;* lesdits commissaires se firent avec les préfets une guerre acharnée et finirent par succomber à peu près partout. M. Lisbonne, préfet de Montpellier, qui réclamait contre M. Gent, ouvrit à Gambetta cet avis ingénieux : « Si vous devez me doubler de quelqu'un, doublez-moi de moi-même en élargissant mes pouvoirs. » M. Baragnon va plus vite à Nice, il ordonne d'arrêter le commissaire. Pendant deux mois M. Dufraisse, qui lui succède, envoie une série de dépêches plus suppliantes et plus comiques l'une que l'autre, pour se débarrasser du terrible commissaire, qui s'obstine à rester en place. On finit par lui donner la vice-présidence civile du camp des Alpines, mais il a le guignon de voir arriver le lendemain M. Rouvier, porteur d'une nomination plus fraîche que la sienne.

Personne ne veut de chef, l'obéissance devient facultative. Les sous-préfets dénoncent leur préfet et demandent à le remplacer. L'un d'eux écrit cavalièrement : « Me refuser concentration de pouvoirs, c'est m'obliger à la prendre. » Léonidas n'aurait pas mieux parlé. M. Duportal brille déjà par son insolence : « Ne nous envoyez pas de général, on vous le renverrait le jour même. Vous me demandez ma démission ? que celui d'entre vous — membres du gouvernement — qui a fait un jour de prison pour la république vienne la prendre ! » Défunt Esquiros : « Vous acceptez ma démission ; merci ! Il est bien entendu que je ne me retire pas devant l'émeute, mais devant l'insuffisance et la lâcheté du gouvernement. » Enfin Gent, fidèle imitateur de Gambetta, écrit à Jules Favre : « Moi, je ne rendrai jamais ni Marseille, ni Lyon, ni le Midi. J'attends..., je n'obéis pas au capitulé de Bismark, je ne le connais plus ! »

Ces échantillons suffisent à montrer que les immenses capacités civiles du dictateur étaient loin de maintenir l'ordre dans l'administration. Aussi, sous ce ministère qui affectait des airs si autocrates et envoyait des dépêches comme l'empereur en Russie ne se permet jamais d'en envoyer, les places étaient-elles au pillage ; préfets, sous préfets, commissaires et comités se prenaient sans cesse aux cheveux. La fraternité, dont les républicains font volontiers étalage dans leurs discours, reçut de terribles accrocs, et chaque fois qu'une enquête ou un procès permet de suivre ces grands comédiens dans la coulisse où ils se griment avant de paraître en public, on est sûr de les trouver aux prises, échangeant les récriminations, les reproches, les injures et même les coups.

Les jugements portés par M. Gambetta sur ses collègues de la défense sont sévères et généralement mérités ; ils ne diffèrent pas beaucoup de ceux qui sont portés sur son propre compte. Ceux-ci se résument assez bien dans le mot de M. Lanfrey, sénateur républicain inamovible, qui qualifia l'administration gambettine de dictature de l'incapacité. M. Gambetta avait sans doute de la bonne volonté, mais il se sentait débordé et impuissant au milieu du flot qu'il avait déchaîné. Il est obligé de nommer ses amis, et quand on lui représente qu'ils sont absolument hors d'état de remplir les charges qu'il leur confie, il est réduit à répondre ce qu'il répondit au sujet du personnage qu'il avait mis à la tête du camp de Nevers : « Je connais M. Malardier depuis dix ans. Je sais ce que je fais, c'est un républicain éprouvé. » Le fabricant de produits chimiques qu'on voulut faire préfet du Rhône avait les mêmes titres que M. Malardier pour bien administrer. A Dreux, il nomme un sous-préfet qui a vingt ans : c'est un peu jeune, dit-on, mais il est républicain et son père aussi ; il chasse de race ; donc on le nommera. A Saint-Julien, on envoie un ex-déserteur condamné au boulet, et il ne peut siéger parce qu'il a tenu un tripot à Genève. On demande une place d'avocat général pour Julien Sauve, parce qu'*il a été du complot de Lyon*. Sous prétexte de faire luire le soleil de la république pour tous les patriotes, on allait fouiller les bagnes et les prisons pour en tirer quiconque avait tué un agent de police ou battu un gendarme de l'empire. Beaucoup de ces ennemis de l'empire étaient les pires ennemis de la société, et le tort du dictateur était de l'oublier pour ne penser qu'aux « bourreaux des commissions mixtes. »

Tout ceci est de l'histoire contemporaine, et les héros de cette triste comédie sont non-seulement vivants, mais irrités, mais affamés par un jeûne plus ou moins prolongé. Ils n'ont guère que le regret d'avoir trouvé la curée trop courte et le désir ardent de la voir recommencer. Qu'ils reviennent au pouvoir pour le malheur de la France, ils seront acharnés et ne feront miséricorde à personne. La cour des comptes déclare qu'il lui est impossible de retrouver la justification de 247 millions dépensés dans les quelques mois de la défense nationale. Cette somme respectable représente surtout des dépenses administratives, des gaspillages particuliers qui ne seront jamais justifiés parce qu'ils sont injustifiables. Ce beau désordre financier, joint au désordre militaire et civil qui s'épanouit sous la dictature de Tours, restera comme son caractère distinctif et indélébile. Si son souvenir nous empêchait de retomber dans un pareil chaos et sous de pareils maîtres, nous croirions, quand même c'est un peu cher, ne pas avoir trop payé l'avantage d'échapper à une nouvelle dictature du chef incontesté de tous les républicains.

IV.

M. GAMBETTA EN PANTOUFLES.

Barbaraux ayant lu les lettres précédentes, ou plutôt n'ayant fait qu'en entendre parler, a jeté feu et flamme en me traitant d'imposteur, m'accusant de dénigrer Gambetta par pure méchanceté, et d'inventer sur son compte une foule de choses qui n'étaient pas vraies et dont le peuple saurait faire justice...

« Je ne sais pas ce que fera le peuple, ai-je répondu à Coquardot, qui me transmettait les plaintes du coryphée gambettin de notre village, mais j'ai simplement voulu donner à ceux qui me lisent des renseignements exacts, qu'ils n'ont ni le temps ni les moyens de trouver ailleurs.

— Où diable les avez-vous pêchés ?

— Je les ai pêchés dans l'eau très claire et très nette d'un ouvrage officiel intitulé : Enquête parlementaire sur les actes du gouvernement de la défense nationale, dépêches télégraphiques officielles. Cela forme deux gros volumes in-4°, à deux colonnes, de 560 pages chacun, et représentant 112,000 lignes à lire. Vous voyez qu'il y a de quoi s'exercer.

— Comment a-t-on pu retrouver tout cela et jouer aux intéressés le vilain tour d'en faire la publication ?

— Les lettres et papiers se trouvaient aux archives, tous les télégrammes étaient conservés dans le registre de correspondance des lignes télégraphiques. La publication n'est sans doute guère honorable pour les auteurs, mais ils n'ont pas le droit de se plaindre, parce que la république est le régime de la légalité, du grand jour et du contrôle universel. Les républicains sont si vertueux qu'ils doivent défier toute critique et toute surveillance, ils n'ont donc rien à craindre. De plus, ils auraient mauvaise grâce de se plaindre, puisqu'ils ont donné l'exemple et publié les papiers secrets de l'empire, fouillant dans tous les tiroirs pour extraire des correspondances particulières ce qui pouvait produire l'émotion ou le scandale. On a été plus indulgent vis-à-vis d'eux, puisqu'on a livré au public leur seule correspondance administrative et officielle, qui est une propriété nationale. Toutes les pièces publiées ont été échangées par la poste ou le télégraphe, aux frais de l'Etat...

— Si cela est, interrompit Jérôme, je n'ai plus rien à objecter; je comprends le dépit des acteurs de cette comédie et leur désir de voir ces révélations dormir dans les vieux papiers. On devrait mettre cela en petits livres et le répandre chez les électeurs, dont les neuf dixièmes n'en savent pas un traître mot.

— Cela viendra peut-être, et la chose aurait d'autant plus de succès, qu'en peignant au naturel nos anciens maîtres, l'extrait de ce gros livre pourrait encore égayer le lecteur.

— Je ne vois pas qu'on puisse rire de choses aussi tristes.

— Sans doute le récit n'est pas fait pour porter à la gaieté, mais en voyant les procédés et les termes dont se servaient les héros du 4 septembre, on comprendrait mieux dans quelles mains nous étions tombés. Au point de vue de la politesse, du bon goût et de la littérature, l'administration de M. Gambetta vaut son pesant d'or...

— Si on pouvait payer les 247 millions avec ça?...

— Ce serait superbe. Il y a dans tous ces propos une odeur de brasserie, un parfum d'estaminet qui réjouirait le cœur d'un Allemand ; mais je doute qu'on en trouve pour 247,000,000 fr. Si vous le désirez, je vous en citerai quelques traits.

— Je ne demande pas mieux.

— Quand même M. Gambetta roule de grands yeux, fait la grosse voix, fronce les sourcils et foudroie les réactionnaires, il est bon diable au fond, aimant toujours les bons zigs, la bière et les cigares fins, comme au café de Madrid. Quand il dépose la foudre et le sceptre pour prendre sa robe de chambre et ses pantoufles, il redevient le plus vulgaire des bohèmes, le plus prosaïque des mortels. Sa correspondance avec les amis, sans rappeler celle de Louis XIV avec Colbert, a une saveur particulière que les bons citoyens doivent apprécier.

M. Steenackers, ce député de Langres qui avait pris la direction générale des télégraphes et travaillé trois semaines à se faire confectionner une casquette brodée en rapport avec ses hautes fonctions, lui écrit de Bordeaux, où la délégation vient de se fixer : « Ici rien de neuf. On s'embête atrocement de ne pas vous voir... J'ai vu deux des Parques ce matin. J'ai été visiter vos appartements. On y nage dans des flots de pourpre et d'or... »

M. Gambetta, n'ayant pas le temps d'écrire, répond par le télégraphe : « Cigares exquis ; soyez toujours gais, de bonne composition. Salut et fraternité. » (16 décembre 1870.)

Voyez-vous ces cigares et cette fraternité ; comme cela va bien avec les larmes de la France ! M. Laurier en est stupéfait et répond le lendemain : « Je trouve la dépêche où tu nous dis d'être gais. Je vais l'être sur parole, *si je peux.* »

Ce pauvre télégraphe en a vu de drôles à cette époque ; les préfets et les sous-préfets le font jouer avec une fatuité de parvenus, pour la république, pour eux-mêmes, pour leurs cousins et amis. Son style laconique nous transmet des phrases qui font honneur à ces Tacites de carrefour, croyant buriner des pages d'histoire au moyen de leurs appareils électriques. En voici quelques spécimens :

«Le préfet de la Dordogne serre la main à son ami Rochefort. Gilbert. »

« Le préfet de Tarn-et-Garonne à M. Clémenceau. Installation à midi. Tout à vous et à Antonin. »

« Esquiros fils, au directeur de l'Alcazar, au Havre. Papa et moi arrivés. Tout va bien. Grande manifestation. Bien des choses. »

« Mon général est ramolli, changez-le vite, c'est un vieux gabion farci de jésuitisme. Le sous-préfet d'Aix part, remplacez-le par un bon bougre.» (C'est M. le préfet des Bouches-du-Rhône qui emploie ces expressions choisies.)

« Ma situation s'améliore, écrit un autre, on voit bien que je n'ai pas guillotine en poche; j'ai fonctionné depuis trois jours avec la sympathie de tous. »

Enfin, M. Dumaret répond au citoyen ministre qui l'a tancé pour une sottise administrative : « Brigadier, vous avez raison ! »

Tout cela n'a-t-il pas un vernis de littérature et de bon goût qui émeut doucement les âmes sensibles, comme aurait dit Danton, et faut-il s'effrayer de trouver des administrateurs quand on en improvise à si peu de frais?

Je dis mal en parlant du bon marché ; ces amis et protégés de M. Gambetta ne valaient certainement pas ce qu'ils coûtaient. On ne saura jamais au juste ce que leurs soirées, leurs dépêches, leurs trains spéciaux, coûtèrent à la France. Les trains spéciaux avaient pour eux un attrait irrésistible ; malgré leur prix énorme on les requérait à chaque instant. Voici la formule : « Donnez un train spécial à M. Cleray, c'est un ami de M. Spuller. » Est-ce que les amis des amis de M. Gambetta n'ont pas droit de voyager en grands seigneurs ? Ils ont aussi le droit d'abuser du télégraphe. Un sous-préfet de Chalon n'emploie pas moins de *cinquante lignes* pour dire à M. de Serres, *son ami*, délégué à l'armée de l'Est : « Après la guerre terminée et la paix ramenée par nos victoires, je reprendrai ma vie de paysan, buvant le soleil, admirant les larges horizons, etc. » Le télégraphe n'aurait-il pas travaillé plus utilement à renseigner l'armée de Bourbaki qu'à transmettre cette sotte idylle au quartier général ?

Faire plaisir aux amis, flatter la populace et les passions révolutionnaires sans s'inquiéter du reste, tel semble avoir été le programme du dictateur et de ses copains. Il employa un moyen fort original pour témoigner sa reconnaissance au peuple de Bordeaux à l'occasion du jour de l'an 1871. Là encore, la préfecture est agrémentée d'un superbe balcon, la garde nationale acclame le dictateur, lui adresse des compliments qui le font rougir, il ne sait trop comment témoigner sa reconnaissance, quand un ami lui souffle que la population de Bordeaux aime beaucoup les huîtres. Rien n'était plus facile que de la satisfaire. Il rend aussitôt un décret ordonnant que deux millions d'huîtres seront extraites du parc national d'Arcachon pour être vendues à prix réduit aux Bordelais bien pensants. Les Girondins furent médiocrement satisfaits, ils prétendirent que le dictateur devait *donner* les huîtres et non pas les vendre puisqu'elles ne lui coûtaient rien. S'il revient au pouvoir, il sera sans doute mieux avisé et plus généreux.

Je m'arrête, car je ne voudrais pas épuiser les 1,120 pages de l'enquête que je résume. Ceux qui n'auront pas assez de mon résumé pourront remonter à la source et s'édifier par de plus grands détails, mais je me crois en droit de conclure que tout homme qui aura lu ces preuves de la moralité, de la capacité et de la distinction du personnel qui reviendrait aux affaires le jour où M. Gambetta serait triomphant, ne peut en aucune manière aider à ce triomphe, mais doit au contraire faire tous ses efforts pour l'empêcher, afin d'empêcher le dernier malheur et la ruine de notre pays. S'y laisser prendre une fois, c'est un accident ; deux fois, ce serait un crime que la France expierait de la manière la plus cruelle, mais la plus méritée.

BESANÇON, IMPR. DE J. JACQUIN.